Las cosas que me gustan

Me gustan los caballos

por Meg Gaertner

www.littlebluehousebooks.com

© 2023 por Little Blue House, Mendota Heights, MN 55120. Todos los derechos reservados. Ninguna parte de este libro puede ser reproducida ni utilizada de ninguna manera ni por cualquier medio sin el permiso escrito de la editorial.

Traducción: © 2023 por Little Blue House
Título original: I Like Horses
Texto: © 2023 por Little Blue House
Traducción: Annette Granat

La serie Little Blue House es distribuida por North Star Editions.
sales@northstareditions.com | 888-417-0195

Este libro ha sido producido para Little Blue House por Red Line Editorial.

Fotografías ©: Imágenes de Shutterstock: portada, 8–9, 11, 14–15, 16 (esquina inferior derecha); imágenes de iStock: 4, 7, 13, 16 (esquina superior izquierda), 16 (esquina superior derecha), 16 (esquina inferior izquierda)

Library of Congress Control Number: 2022912867

ISBN
978-1-64619-687-6 (tapa dura)
978-1-64619-719-4 (tapa blanda)
978-1-64619-782-8 (libro electrónico en PDF)
978-1-64619-751-4 (libro electrónico alojado)

Impreso en los Estados Unidos de América
Mankato, MN
012023

Sobre la autora

Meg Gaertner disfruta leer, escribir, bailar y hacer actividades al aire libre. Ella vive en Minnesota.

Tabla de contenido

Me gustan los caballos **5**

Glosario **16**

Índice **16**

Me gustan los caballos

Me gustan los caballos.

Acaricio el caballo.

Me gustan los caballos.

Alimento el caballo.

Me gustan los caballos.

Cepillo el caballo.

Me gustan los caballos.

Ensillo el caballo.

Me gustan los caballos.

Me siento sobre

el caballo.

Me gustan los caballos.

Ando a caballo.

Glosario

acaricio

caballo

alimento

ensillo

Índice

A
alimento, 6
ando, 14

C
cepillo, 8

E
ensillo, 10